AF153095

Impressum
Verlag: BABADADA GmbH, Nedderfeld 112 , 22529 Hamburg
Geschäftsführer / Verlagsleitung: Harald Hof
Druck: Books on Demand GmbH, In de Tarpen 42, 22848 Norderstedt

Imprint
Publisher: BABADADA GmbH, Nedderfeld 112 , 22529 Hamburg, Germany
Managing Director / Publishing direction: Harald Hof
Print: Books on Demand GmbH, In de Tarpen 42, 22848 Norderstedt

בית ספר

sikolwa

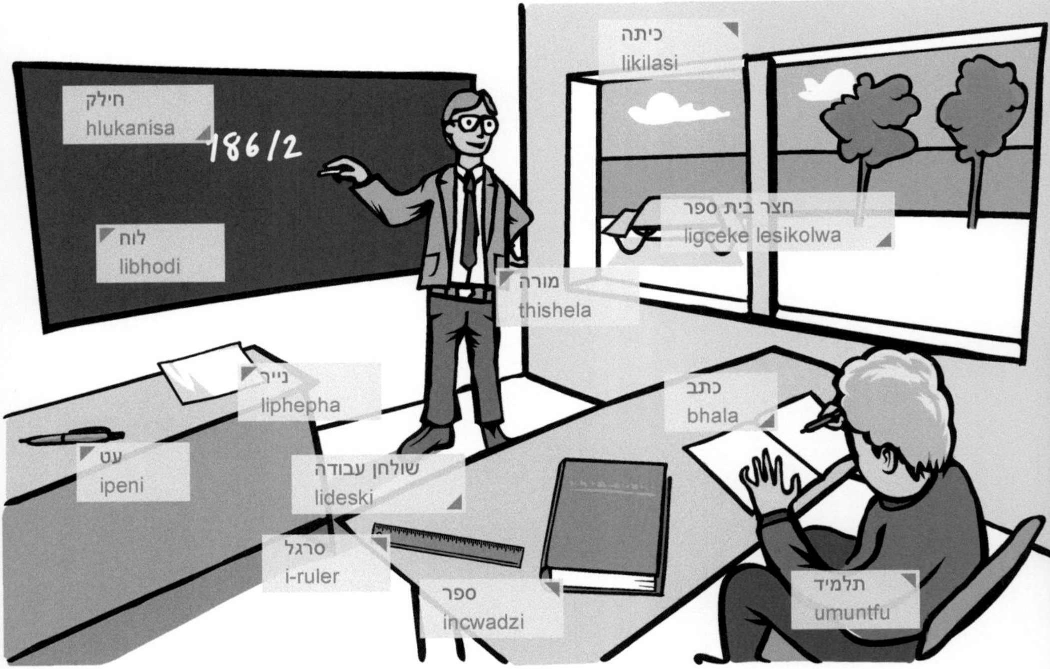

כיתה
likilasi
חילק
hlukanisa
186/2
חצר בית ספר
ligceke lesikolwa
לוח
libhodi
מורה
thishela
נייר
liphepha
כתב
bhala
עט
ipeni
שולחן עבודה
lideski
סרגל
i-ruler
ספר
incwadzi
תלמיד
umuntfu

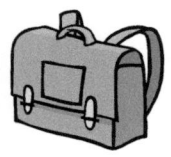

ילקוט

sikhwama setincwadzi tesikolwa

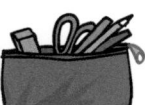

קלמר

sikhwanyana semapenisela

עיפרון

ipenisela

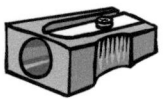

מחדד

umshini wekulolo ipenisela

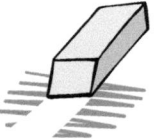

גומי מחיקה

i-rubber

חוברת סרטוט

intfo yekudvweba

סרטוט

umdvwebo

מברשת

libhulashi lekupenda

קופסת צבעים

libhokisi lekupenda

מספריים

tikelo

דבק

i-glue

ספר תרגול

incwadzi yekutadisha

שיעור בית

umsebenti wasekhaya

מספר

inombolo

חיבר

hlanganisa

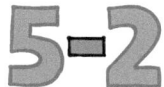

חיסר

susa

הכפיל

phindzaphidza

חישב

bala

אות

incwadzi

אלפבית

feleba

מילה

ligama

טקסט

umbhalo

קרא

fundza

גיר

ishogo

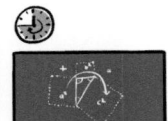

שיעור

sifundvo

יומן נוכחות

i-register

מבחן

sivivinyo sekugcina

תעודה

sitifiketi

תלבושת בית ספר

timphahla tesikolwa

חינוך

imfundvo

אנציקלופדיה

i-ensaklopheda

אוניברסיטה

inyuvesi

מיקרוסקופ

sipopolo

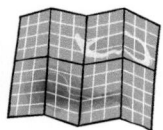

מפה

libalave

סל נייר

libhakede lekulahla
emaphepha

נסיעה

kuhamba

מלון
lihhotela
Grand
הוסטל
lihhostela
ROOMS
המרת מטבע
i-bureau de change
EXCHANGE
מזוודה
sikhwama setimphahla
אוטו
imoto

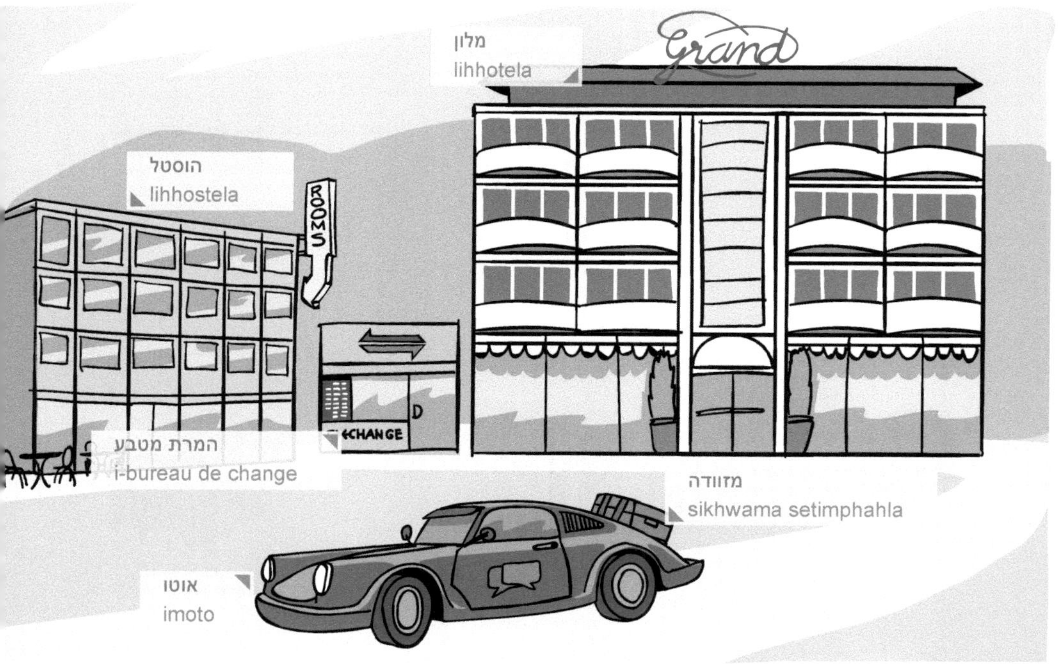

שפה

lulwimi

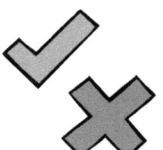

כן / לא

yebo / cha

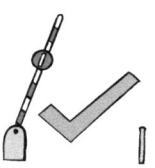

בסדר

Kulungile

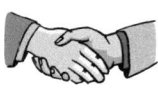

שלום

sawubona

מתרגם

umhumushi

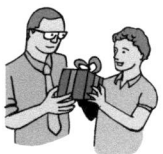

תודה

Siyabonga

כמה עולה.....?

ingumalini i....?

אני לא מבין

angivisisi kahle

בעיה

inkinga

ערב טוב!

Lishonile!

בוקר טוב!

Kusile!

לילה טוב!

Ulale kahle!

להתראות

sala kahle

כיוון

sicondziso

כבודה

umtfwalo

תיק

sikhwama

תרמיל גב

sikhwama lesigacwako

אורח

sivakashi

חדר

likamelo

שק שינה

sikhwama sekulala

אוהל

lithende

מרכז מידע לתיירים

imininingwane yetivakashi

חוף ים

ibhishi

כרטיס אשראי

likhadi lemali

ארוחת בוקר

kudla kwasekuseni

ארוחת צהריים

kudla kwasemini

ארוחת ערב

kudla kwantsambama

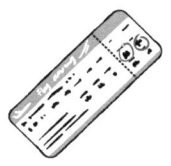

כרטיס

lithikithi

מעלית

i-lift

בול

sitembu

גבול

umcele

מכס

emakhasimende

שגרירות

i-embasi

אשרה

i-visa

דרכון

ipasipoti

תחבורה
kwetfutsa

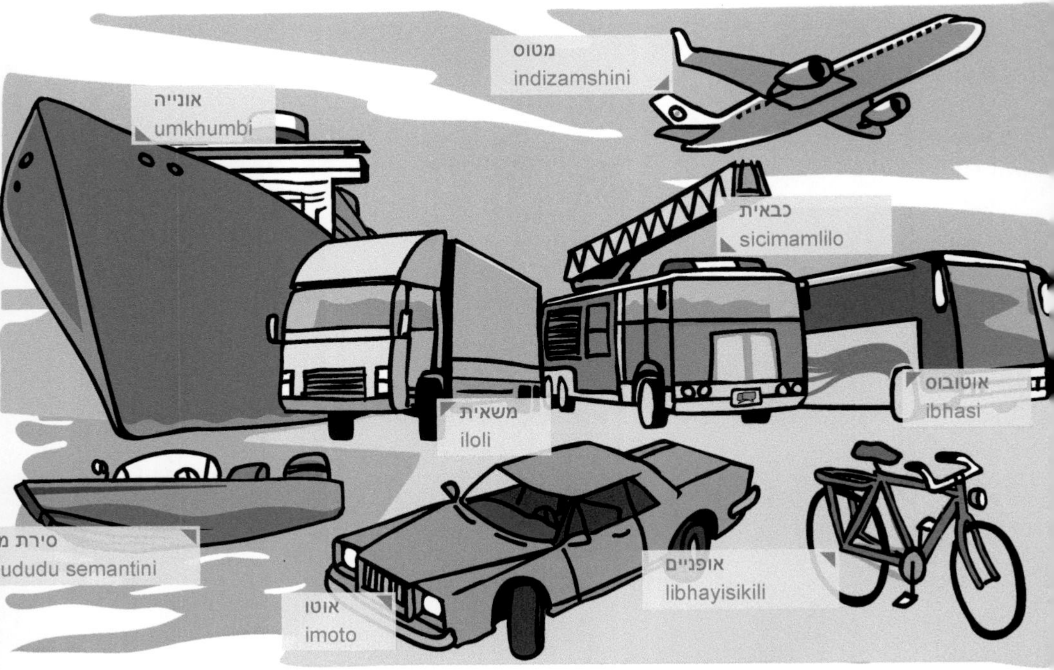

מטוס
indizamshini
אונייה
umkhumbi
כבאית
sicimamlilo
אוטובוס
ibhasi
משאית
iloli
סירת מנו
idududu semantini
אופניים
libhayisikili
אוטו
imoto

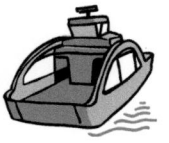

מעבורת
i-ferry

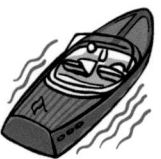

סירה
sikebhe

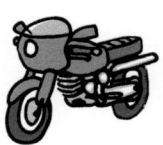

אופנוע
sidududu

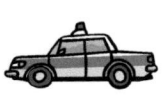

ניידת משטרה
imoto yemaphoyisa

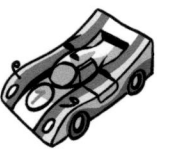

מכונית מרוץ
imoto yemjaho

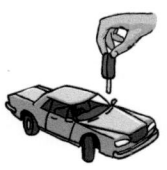

רכב שכור
imoto yekucashisa

מכוניות בשיתוף
kubolekana imoto

אוטו גרר
i-breadown

משאית זבל
iloli yetibi

מנוע
imoto

דלק
phethiloli

תחנת דלק
ligalaji laphethiloli

תמרור
luphawu lwemgwaco

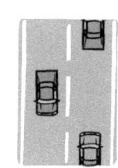

תנועה
incumbi yetimoto

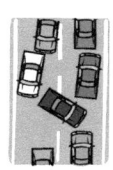

פקק תנועה
incumbi yetimoto letime
emngwacweni

חניה
ipaki yemoto

תחנת רכבת
siteshi sesitimela

פסי רכבת
imizila

רכבת
sitimela

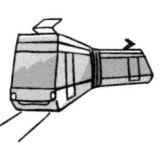

רכבת קלה
i-tram

קרון
inkalishi

מסוק

indiza lenaphephela
emhlane

שדה-תעופה

sikhungo setindiza

מגדל

imoto yekudvonsa
letibhajiwe

נוסע

bagibeli

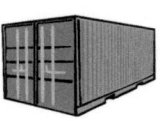

קונטיינר

intfo yekutfwala

קרטון

likhathoni

עגלה

i-cart

סל

bhasikidi

המראה / נחיתה

kusuka / kwehla

עיר

lidolobha lelikhulu

כפר

umuti

מרכז העיר

ekhatsi nelidolobha

בית

indlu

City scene

קולנוע
i-cinema

פרסומת
sikhangiso

מנורת רחוב
apholo

רחוב
sitaladi

מונית
itekisi

קיוסק
sitolo sekudla lokumelula

הולך רגל
indlela yalabahamba

רציף
i-payvement

מעבר חצייה
la kuwela khona bantfu

פח אשפה
umgcomo wetibi

צומת
e-krosini

רמזור
malobothi

בקתה
gucasthandaze

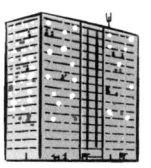

דירה
lifulethi

תחנת רכבת
siteshi sesitimela

עירייה
lihholwa lasedolobheni

מוזיאון
imnyusiyamu

בית ספר
sikolwa

אוניברסיטה

inyuvesi

בנק

libhange

בית חולים

sibhedlela

מלון

lihhotela

בית מרקחת

ikhemisi

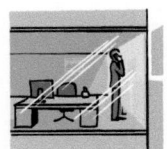

משרד

lihhovisi

חנות ספרים

sitolo setincwadzi

חנות

sitolo

חנות פרחים

lotsengisa timbali

סופרמרקט

isuphamakethe

שוק

imakethe

כל-בו

litiko letitolo

מוכר דגים

batsengisi betimfishi

קניון

luchungechuge lwetitolo

נמל

sikhungo

פארק

lipaki

ספסל

libhentji

גשר

libhuloho

מדרגות

titezi

רכבת תחתית

ngephansi kwemhlaba

מנהרה

umhume

תחנת אוטובוס

siteshi sebhasi

בר

sitolo setjwala

מסעדה

sitolo sekudla

תא דואר

libhokisi leliposi

שלט רחוב

luphawu lwemgwaco

מדחן

umshini lobala sikhatsi sekupaka

גן חיות

i-zoo

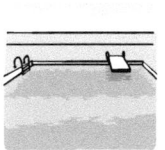

ברכת שחיה

i-swimming pool

מסגד

lisontfo lemasulumane

חווה

lipulazi

זיהום

kugcolisa umoya

בית עלמין

emathuna

כנסייה

lisontfo

מגרש משחקים

inkhundla yetemidlalo

בית מקדש

lithempeli

נוף

libala

עלה
licembe

תמרור
luphawu lwemgwaco

דרך
indlela

מרעה
umshiya

אבן
litje

מטייל
lohamba indlela lendze ngetinyawo

עץ
sihlahla

נהר
umfula

דשא
tjani

פרח
imbali

בקעה
sihosha

הר
ligcuma

אגם
lidanyana

יער
lihlatsi

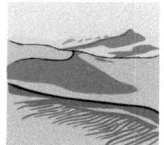

מדבר
lihlane

הר געש
intsabamlilo

טירה
umhlambi wetinkhomo

קשת בענן
umushi wenkhosatane

פטריה
likhowa

דקל
sihlahla semphayini

יתוש
imbuzulwane

זבוב
kundiza

נמלה
intfutfwane

דבורה
inyosi

עכביש
sayobi

חיפושית

inkhubabulongo

צפרדע

sicoco

סנאי

chakijane

קיפוד

ingungumbane

ארנב

lolunye luhlobo lwalogwaja

ינשוף

sikhova

ציפור

inyoni

ברבור

i-swan

חזיר בר

ingulube yesiganga

צבי

inyamatane

איל הקורא

i-moose

סכר

lidamu

טורבינת רוח

i-wind turbine

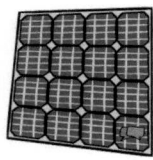

פנל סולארי

i-solar panel

אקלים

simo selitulu

מסעדה

sitolo sekudla

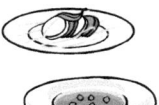

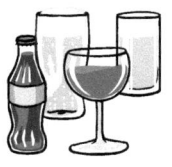

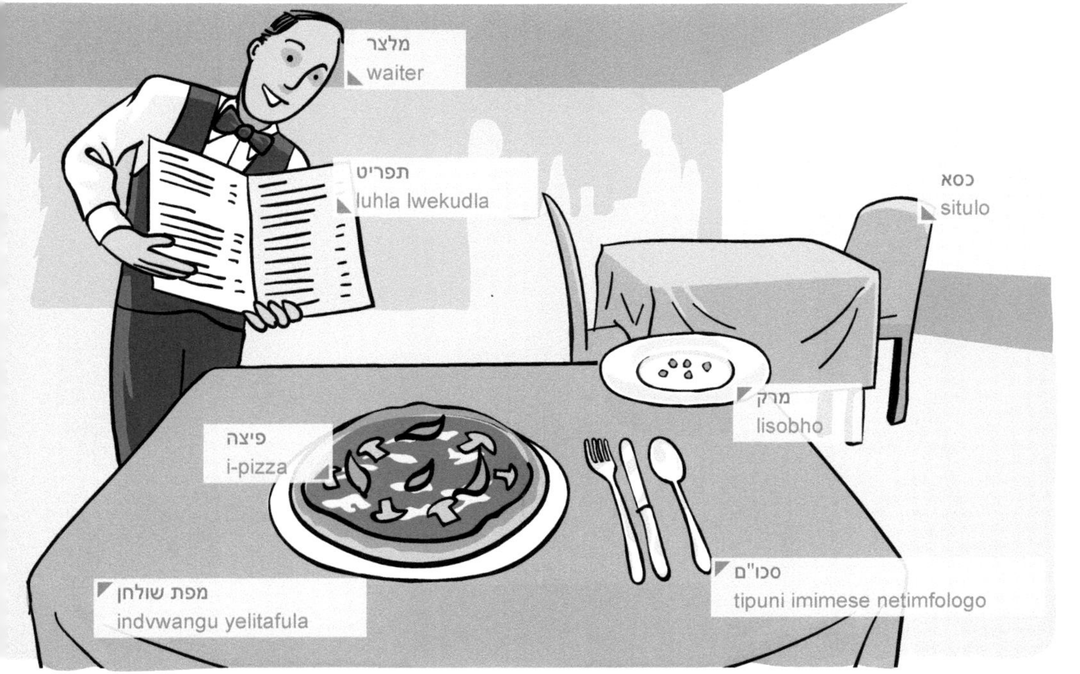

מלצר
waiter
תפריט
luhla lwekudla
כסא
situlo
מרק
lisobho
פיצה
i-pizza
סכו"ם
tipuni imimese netimfologo
מפת שולחן
indvwangu yelitafula

מנת פתיחה

kudla lokusicalo

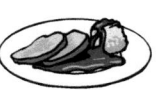

מנה עיקרית

kudla locinile

קינוח

idizethi

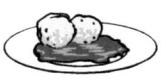

שתיות

tinatfo

אוכל

kudla

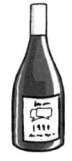

בקבוק

libhodlela

מזון מהיר

kudla lokusheshako

אוכל רחוב

kudla kwasemngwacweni

קנקן תה

ligedlela lelitiye

מסכרת

indishi yashukela

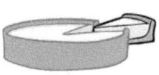

מנה

incenye

מכונת אספרסו

umshini we-espresso

כסא תינוק

situlo lesiphakeme

חשבון

ibhili

מגש

li-tray

סכין

umukhwa

מזלג

imfologo

כף

sipuni

כפית

sipuni lesincane

מפית

ithishu yetandla

כוס

ligilasi

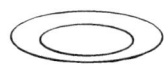

צלחת

lipuleti

קערת מרק

lipuleti lelisobho

תחתית

lipringi

רוטב

i-sauce

מלחייה

libhodvo lasawoti

פלפל מטחנת

i-pepper mill

חומץ

niniga

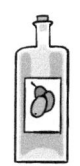

שמן

emafutsa awoyela

תבלינים

tipayisi

קטשופ

i-ketchup

חרדל

i-mustard

מיונז

mayonasi

סופרמרקט

isuphamakethe

מבצע
lokusendalini
FOR
לקוח
likhasimende
מוצרי חלב
indzawo yelubisi
פירות
titselo
עגלת קניות
i-trolley

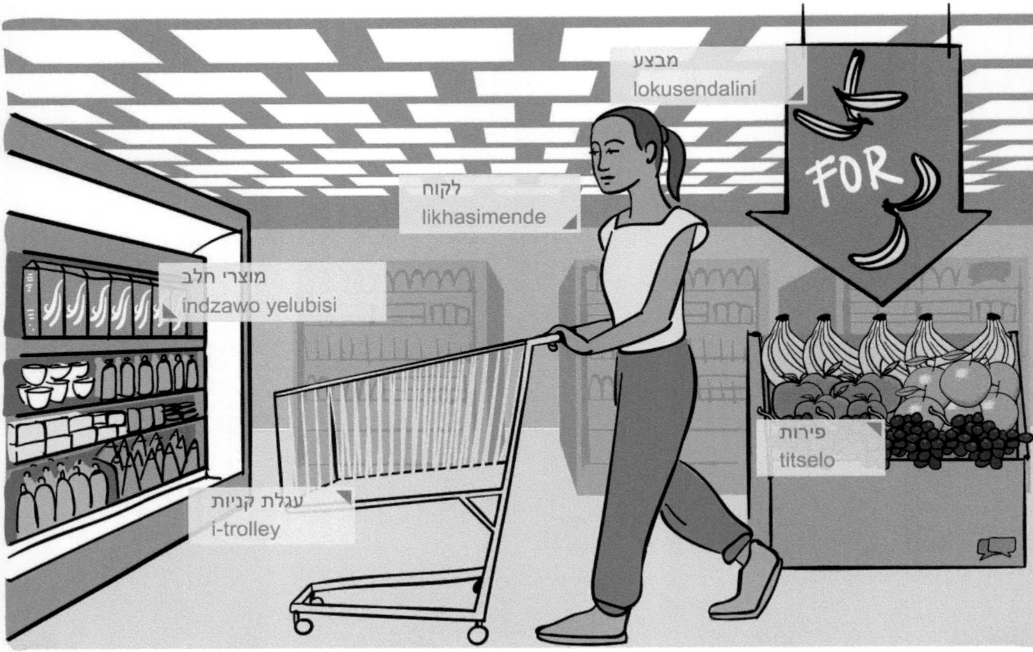

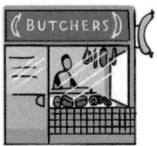

BUTCHERS

אטליז

ibhushari

BAKERY

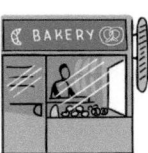

מאפייה

i-baker

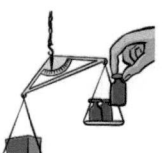

שקל

kala

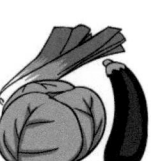

ירקות

tibhidvo

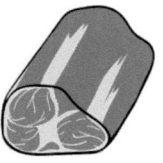

בשר

inyama

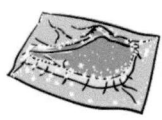

מזון קפוא

kudla lokucandzisiwe

בשר קר

inyama lebandzako

שימורים

kudla likusemathinini

אבקת כביסה

insipho yekuwasha

ממתקים

emaswidi

מוצרי בית

tintfo tasekhaya

חומר ניקוי

imitsi yekukolobha

מוכרת

umuntfu lotsengisako

קופה

endzaweni yekubhadala

קופאי

umtsengisi

רשימת קניות

uhla lwetintfo tekutsengwa

שעות פתיחה

ema-awa ekuvula

ארנק

sipatji

כרטיס אשראי

likhadi lemali

תיק

sikhwama

שקית ניילון

sikhwama seshekhasi

מים

emanti

מיץ

ijuzi

חלב

lubisi

קולה

ikhokhi

יין

liwani

בירה

ibhiya

אלכוהול

tjwala

קקאו

ikhokho

תה

litiye

קפה

likhofi

אספרסו

i-espresso

קפוצ'ינו

i-cappuccino

בננה

bhanana

תפוח

lihhabhula

תפוז

liwolintji

אבטיח

melon

לימון

ilemoni

גזר

emavondlela

שום

galiki

במבוק

i-bamboo

בצל

anyanisi

פטריות

emakhowa

אגוזים

emantongomane

אטריות

ema-noodles

ספגטי

sipageti

אורז

lilayisi

סלט

isaladi

צ'יפס

emashibusi

צ'יפס

emazambane lafrayiwe

פיצה

i-pizza

המבורגר

i-burger

כריך

isengwishi

שניצל

inyama lefulawe netimvitsi
tesinkhwa

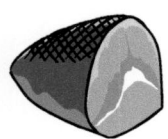

שינקין

i-ham

סלאמי

isalami

נקניקיה

livosi

עוף

inyama yenkhukhu

טיגון

lokufrayiwe

דג

imfishi

שיבולת שועל

i-oats

מוזלי

imusili

קורנפלקס

ema-cornflakes

קמח

fulawa

קרואסון

ema-croissant

לחמנייה

sinkhwa

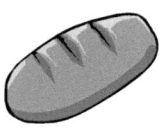

לחם

sinkhwa

טוסט

linkhwa lesithosiwe

עוגיות

emabhisikidi

חמאה

bhotela

גבינה לבנה

i-curd

עוגה

likhekhe

ביצה

emacandza

ביצת עין

emacandza lafulayiwe

גבינה

ishizi

גלידה

i-ice cream

סוכר

shukela

דבש

luju

ריבה

jamu

ממרח נוגט

shokolethi

קארי

ikheri

חווה
lipulazi

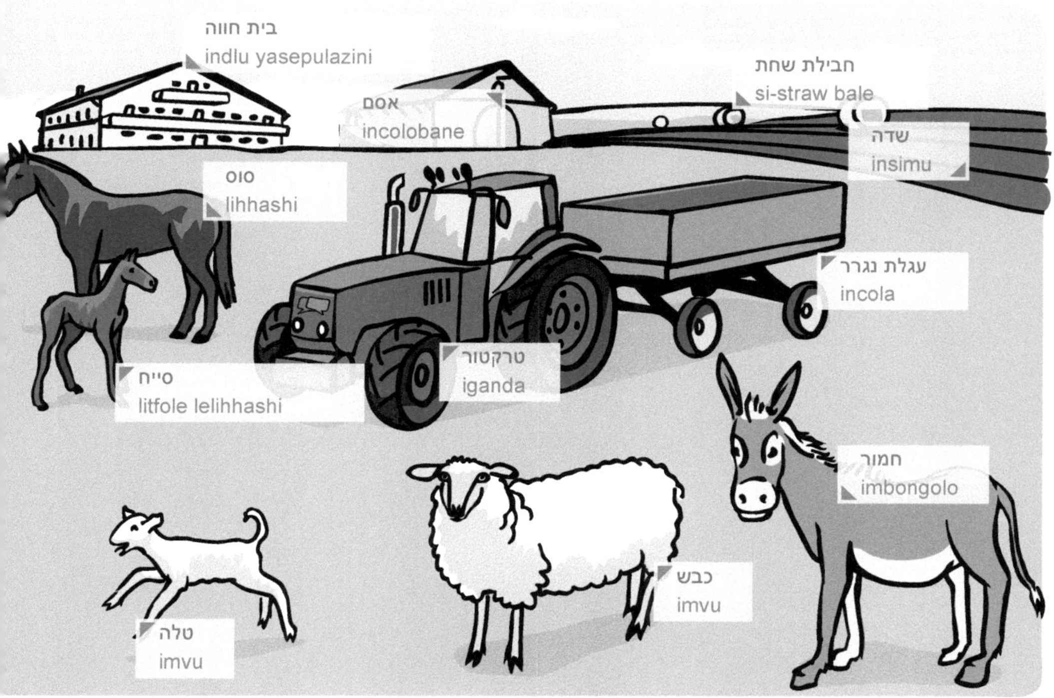

בית חווה
indlu yasepulazini
חבילת שחת
si-straw bale
אסם
incolobane
שדה
insimu
סוס
lihhashi
עגלת נגרר
incola
טרקטור
iganda
סייח
litfole lelihhashi
חמור
imbongolo
כבש
imvu
טלה
imvu

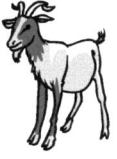

עז
imbuti

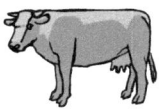

פרה
inkhomo

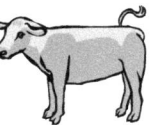

עגל
litfole

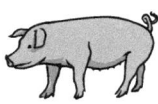

חזיר
ingulube

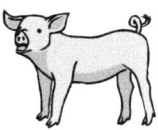

חזרזיר
ingulutjana

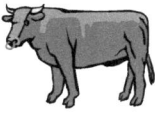

שור
inkhunzi

אווז

lihansi

ברווז

lidada

אפרוח

lintjwele

תרנגולת

sikhukhukati

תרנגול

lichudze

חולדה

ligundvwane

חתול

likati

עכבר

ligundvwane lelincane

שור

inkhunzi

כלב

inja

מלונה

indlu yenja

צינור השקיה

liphayiphi lemanti
asengadzini

קנקן מים

libhakede lemanti

חרמש

i-scythe

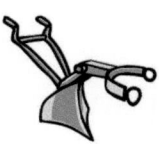

מחרשה

likhuba leganda

מגל

lisikela

מגרפהה

likhuba

קלשון

imfologo yetjani

גרזן

lizembe

מריצה

libhala

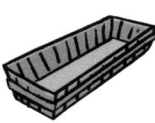

שוקת

litrofula

כד חלב

iromkani

שק

lisaka

גדר

ifenisi

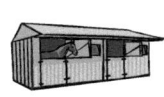

אורווה

sitebele

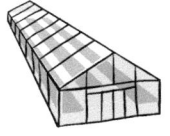

חממה

indlu leluhlata

אדמה

umhlabatsi

זרע

imbewu

דשן

sivundzisi

מקצרה

bavuni

קצר

vuna

קציר

sivuno

בטטה אפריקנית

i-yams

חיטה

likhula

סויה

isoyi

תפוח אדמה

lizambane

תירס

sibhuluja sembila

קנולה

i-rapeseed

עץ פירות

sihlahla setitselo

קסבה

bhatata

דגנים

ema-cereals

בית

indlu

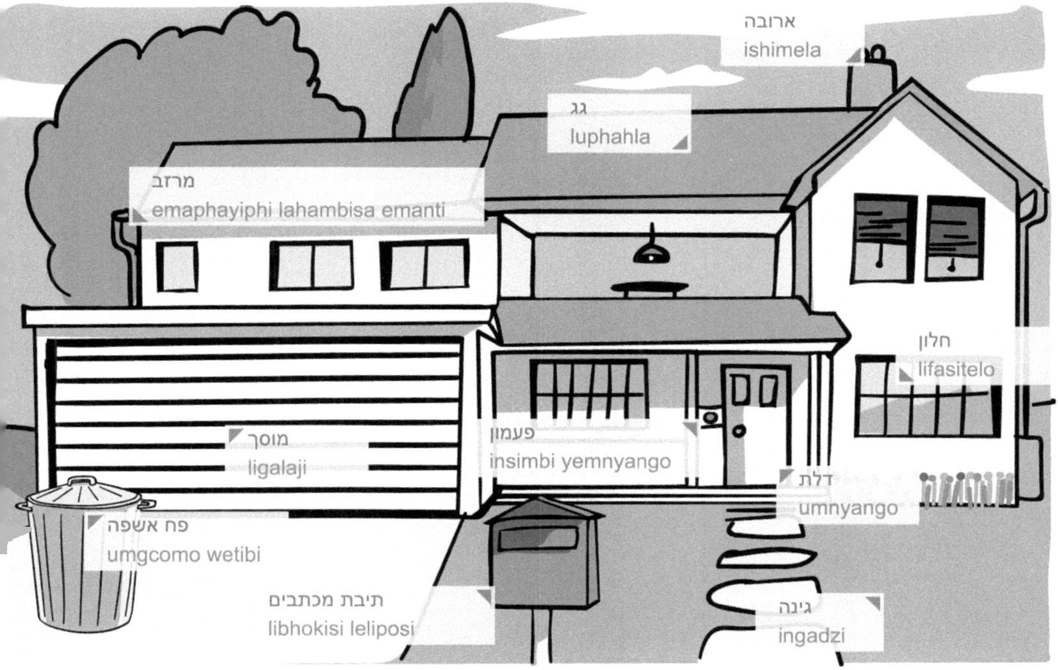

ארובה
ishimela
גג
luphahla
מרזב
emaphayiphi lahambisa emanti
חלון
lifasitelo
מוסך
ligalaji
פעמון
insimbi yemnyango
דלת
umnyango
פח אשפה
umgcomo wetibi
תיבת מכתבים
libhokisi leliposi
גינה
ingadzi

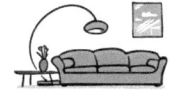

סלון

indzawo yamabonakudze

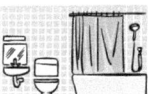

חדר אמבטיה

likamelo lekugezela

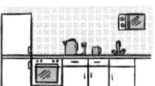

מטבח

likhishi

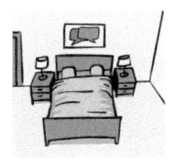

חדר שינה

likamelo

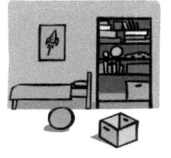

חדר ילדים

likamelo lemntfwana

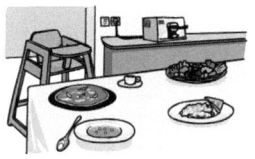

חדר אוכל

ligumbu lekudlela

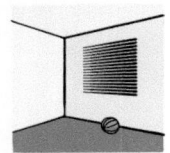

רצפה
siyilo

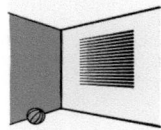

קיר
lubondza

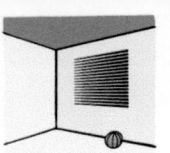

תקרה
isilingi

מרתף
i-cellar

סאונה
i-sauna

מרפסת
umpheme

מרפסת
libala

בריכה
lidamu lekududa

מכסחת דשא
umshini wetjani

סדין
lishidi

כיסוי מיטה
ibhedspredi

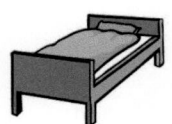

מיטה
umbhedze

מטאטא
umshanelo

דלי
libhakede

מפסק
iswishi

indzawo yamabonakudze

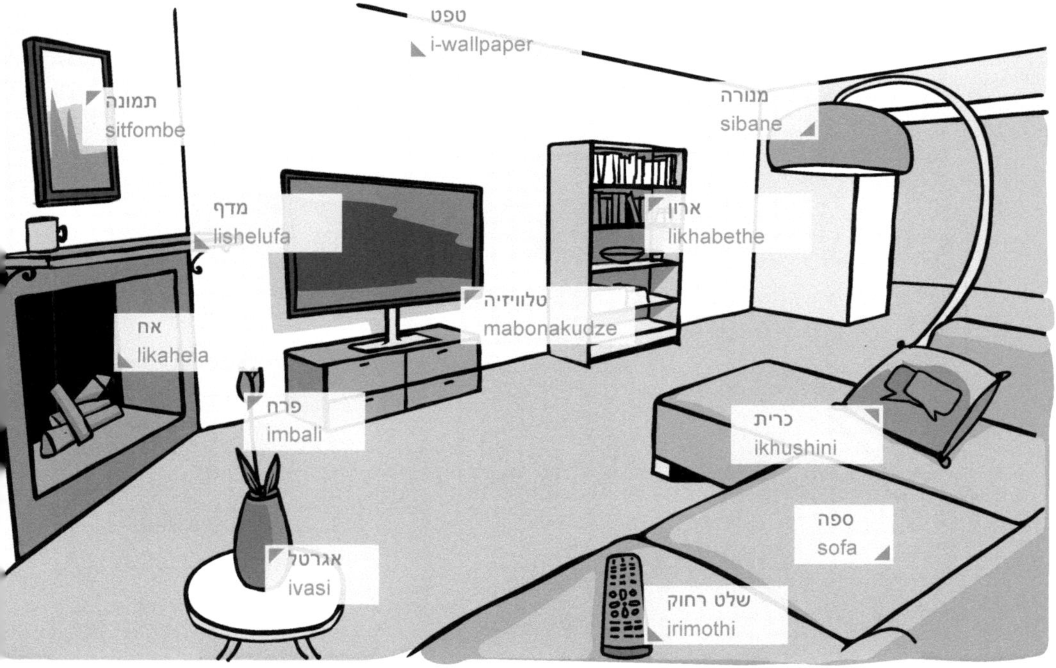

טפט
i-wallpaper

תמונה
sitfombe

מנורה
sibane

מדף
lishelufa

ארון
likhabethe

טלוויזיה
mabonakudze

אח
likahela

פרח
imbali

כרית
ikhushini

ספה
sofa

אגרטל
ivasi

שלט רחוק
irimothi

שטיח
imadi yendlu

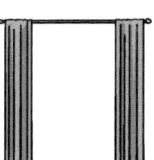

וילון
likhetheni

שולחן
litafula

כסא
situlo

כיסא נדנדה
situlo sangephandle

כורסה
situlosemikhono

ספר

incwadzi

שמיכה

ingubo

דקורציה

umhlobiso

עצי הסקה

tinkhuni tekubasa

סרט

lifilimu

מערכת סטריאו

igumbagumba

מפתח

tikhiya

עיתון

liphephandzaba

ציור

pende

פוסטר

likhadi laselubondzeni

רדיו

iwayilensi

מחברת

kwekutsa emaphuzu

שואב אבק

i-hoover

קקטוס

sitjalo lokutsiwa yi-cactus

נר

likhandlela

מטבח
likhishi

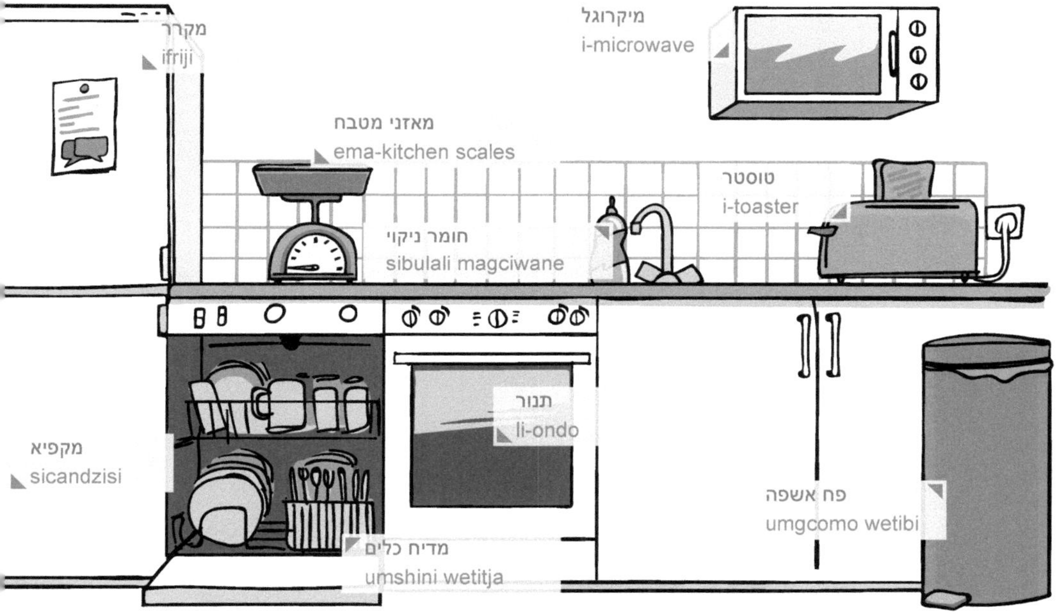

מקרר
ifriji
מיקרוגל
i-microwave
מאזני מטבח
ema-kitchen scales
טוסטר
i-toaster
חומר ניקוי
sibulali magciwane
תנור
li-ondo
מקפיא
sicandzisi
פח אשפה
umgcomo wetibi
מדיח כלים
umshini wetitja

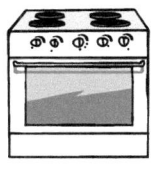

תנור
....
umpheki

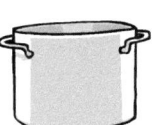

סיר
....
libhodvo

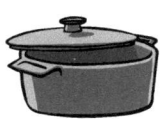

סיר ברזל
....
i-cast-iron pot

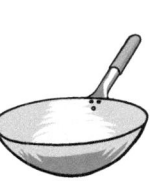

ווק
....
i-wok /kadai

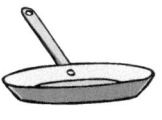

מחבת
....
lipani

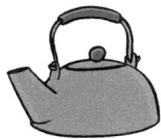

קומקום חשמלי
....
ligedlela

מאדה

i-steamer

מגש אפייה

lipani lekubhaka

כלי אוכל

i-crockery

ספל

imagi

קערה

indishi

צ'ופסטיקס

tindvukwana tekujuba

מצקת

i-landle

מרית

si-spatula

מטרפה

i-whisk

מסננת בישול

i-strainer

מסננת

i-sieve

מגרדת

i-grater

מכתש

i-mortar

גריל

i-barbecue

מדורה

umlilo lovulekile

קרש חיתוך

libhodi lekujuba kudla

מערוך

i-rolling pin

פותחן פקקים

i-corkscrew

פחית

likani

פותחן קופסאות

lithulusi lekuvala likani

מטלית

intfo yekubeka emabhodvo

כיור

izinki

מברשת

libhulashi

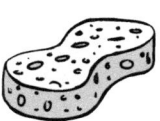

ספוג

sipontji

בלנדר

i-blender

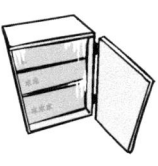

מקפיא

i-deep freezer

בקבוק לתינוק

libhodlela lemntfwana

ברז

impompi

חדר אמבטיה
likamelo lekugezela

חימום
kwekutfutfumeta
מגבת
lithawula
מקלחת
i-shower
וילון מקלחת
likhetheni le-shower
אמבטיית קצף
insipho yemagwebu
אמבטיה
impompi yelibhavu
כוס
ligilasi
מכונת כביסה
umshini wekuwasha
ברז
impompi
אריחים
emathayili
סיר לילה
i-potty
כיור
izinki

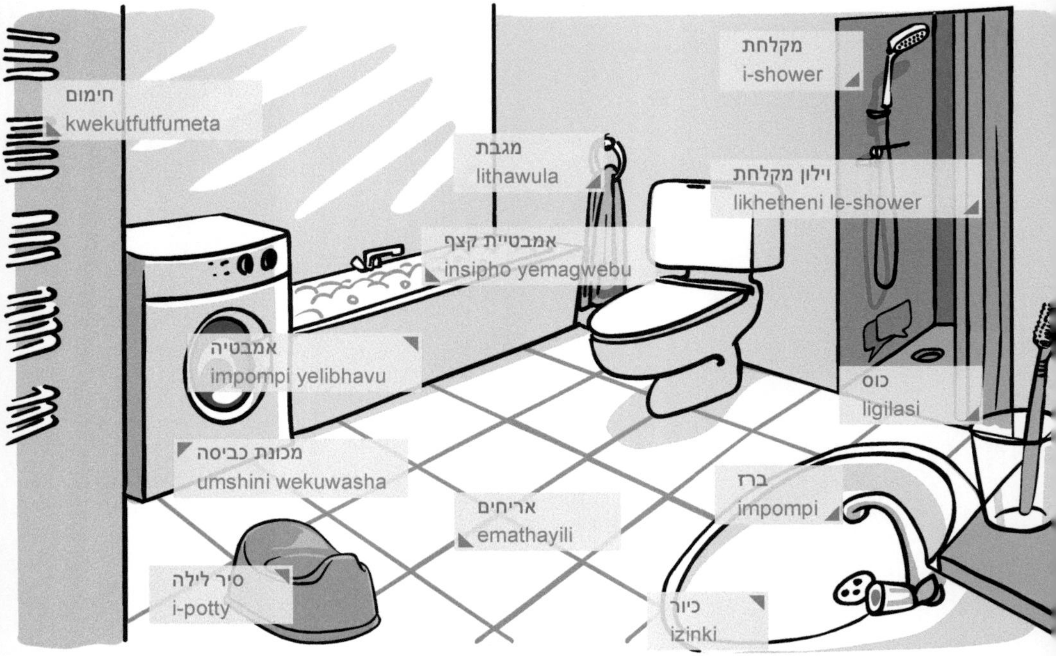

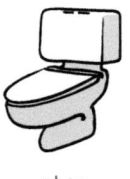

אסלה
umthoyi

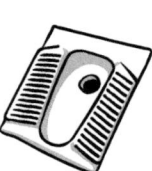

אסלת כריעה
libhodvo lemthoyi

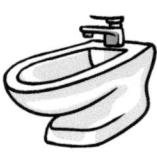

בידה
i-bidet

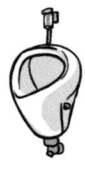

משתנה
umnchamo

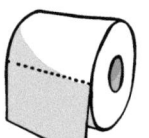

נייר טואלט
ithishu

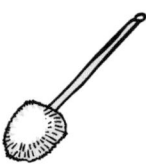

מברשת אסלה
libhulashi lemthoyi

מברשת שיניים

libhulashi lematinyo

משחת שיניים

insipho yematinyo

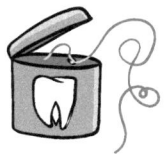

חוט דנטלי

intsambo yekuhlanta ematinyo

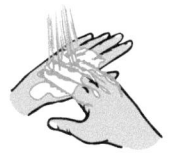

שטף

washa

מקלחת יד

liphayiphu le-shower lelibanjwa ngetandla

צינור שטיפה לשירותים

i-douche

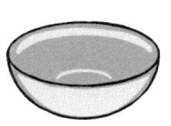

קערת רחצה

i-basin

מברשת גב

libhulashi lemgogodla

סבון

insipho lecinile

ג'ל רחצה

i-gel ye-shower

שמפו

insipho yemagwebu

ליפה

i-flannel

ניקוז

kwekuhambisa emanti

קרם

i-cream

דיאודורנט

emakha emakhwapha

מראה

sibuko

מראת יד

sibuko lesincane

סכין גילוח

i-razor

קצף גילוח

emagwebu ekushefa

אפטרשייב

kwegcobisa ngemuva
kwekushefa

מסרק

i-comb

מברשת

libhulashi

מייבש שיער

kwekomisa tinwele

ספריי לשיער

kwekufutsa tinwele

איפור

kwekutimomonya

שפתון

i-lipstick

לק

pende wetingalo

צמר גפן

i-cotton wool

מספריים לציפורניים

sikelo setingalo

בושם

emakha

תיק כלי רחצה

ikhwama setintfo tekugeza

שרפרף

situlo

משקל

sikali sesisindvo

חלוק רחצה

kwekugcoka nawugeza

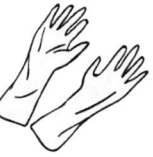

כפפות גומי

emagilavu e-rubber

טמפון

i-tampon

תחבושת סניטרית

lithawula lekuhlanta

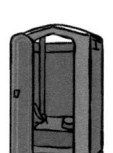

שירותים כימיקליים

imitsi yekukolobha umthoyi

likamelo lemntfwana

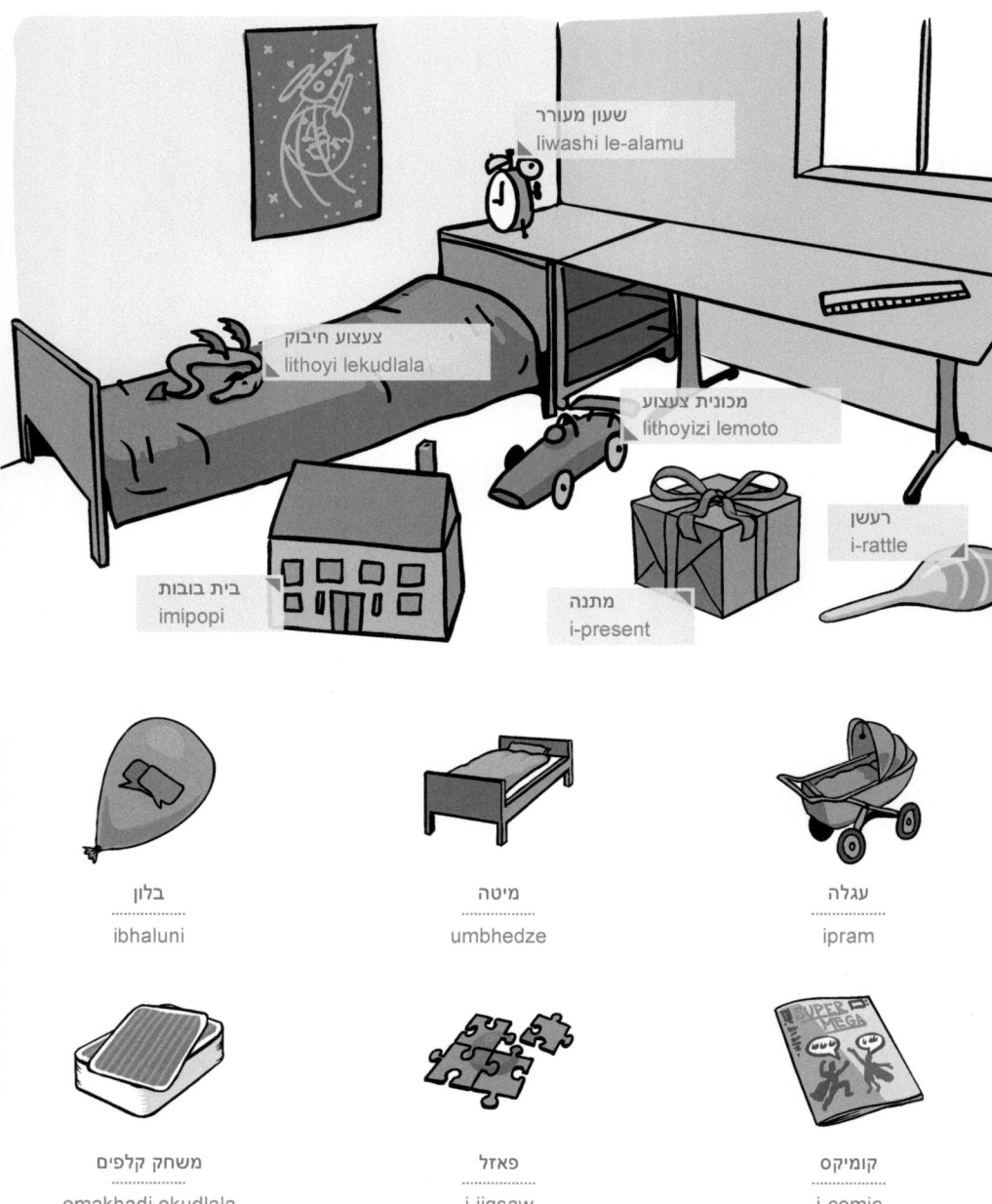

שעון מעורר
liwashi le-alamu

צעצוע חיבוק
lithoyi lekudlala

מכונית צעצוע
lithoyizi lemoto

רעשן
i-rattle

בית בובות
imipopi

מתנה
i-present

בלון	מיטה	עגלה
ibhaluni	umbhedze	ipram

משחק קלפים	פאזל	קומיקס
emakhadi ekudlala	i-jigsaw	i-comic

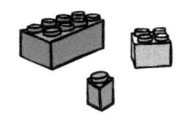

לגו

emabloko e-lego

קוביות משחק

emabloko ekwakha

דמות משחק

i-actionfigure

סרבל תינוקות

kukhula kwemntfwana

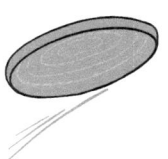

פריזבי

i-frisbee

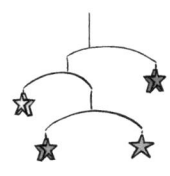

נייד

i-mobile

משחק לוח

ibhodi yemdlalo

קוביה

lidayisi

רכבת צעצוע

isethi yemathoyizi etitimela

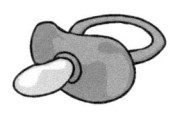

מוצץ

i-dummy

מסיבה

i-party

אלבום תמונות

incwadzi yetitfombe

כדור

ibhola

בובה

nodoli

שיחק

dlala

ארגז חול

umgodzi wemhlabatsi

נדנדה

umjikeli

צעצועים

emathoyizi

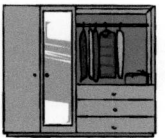

קונסולת משחקים

umshini wemdlalo wema-
video

אופניים תלת גלגלי

masondvontsatfu

דובון

umdoli welibhele

ארון בגדים

ihhodrobhu

בגדים

timphahla tekugcoka

גרביים

emakawosi

גרביונים

ema-stockings

גרביון

umtjopi

צעיף
sikafu

חגורה
libhande

מטרייה
sambulelo

חולצת טי
tikibha

נעלי ספורט
timphahla tekujima

מגפיים
emabhudzi

נעלי בית
ticatfulo tasendlini

סנדלים	נעליים	מגפי גומי
tincabule	ticatfulo	emabhudzi emvula

תחתונים	חזייה	וסט
emabhuluko angephansi	ibhodi	i-vest

גוף
umtimba

מכנסיים
emabhuluko

ג'ינס
ibhokathi

חצאית
sikedi

חולצה מכופתרת
liblawosi

חולצה
liyembe

אפודה
i-pullover

סווצ'ר עם קפוצ'ון
i-hoodie

בלייזר
libhantji

ז'קט
silamba

מעיל
lijazi

מעיל גשם
lijazi lemvula

תלבושת
i-costume

שמלה
lilogo

שמלת כלה
likogo lemshado

חליפה

isudi

כותונת לילה

i-gown yasebusuku

פיג'מה

emabhijamu

סארי

i-sari

מטפחת ראש

sikafu

טורבן

i-turban

בורקה

i-burqa

קאפטן

i-kaftan

עבאיה

i-abaya

בגד ים

timphahla tekududa

בגד ים

ema-anda

מכנסיים קצרים

emabhuluko lamafishane

בגד אימון

i-treksudi

סינר

liphinifa

כפפות

emaglavu

כפתור

inkinobho

משקפיים

tibuko

צמיד יד

buhlalu

שרשרת

umgaco

טבעת

indandatho

עגיל

emacici

כובע

likepisi

קולב

i-hanger yelijazi

כובע

sigcoko

עניבה

thayi

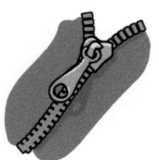

רוכסן

iziphu

קסדה

sivikelo senhloko

כתפיות

kwekusekela sitfo semtimba

תלבושת בית ספר

timphahla tesikolwa

מדים

inyunifomu

מפית אוכל
i-bib

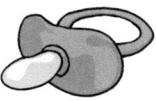

מוצץ
i-dummy

חיתול
linabukeli

משרד
lihhovisi

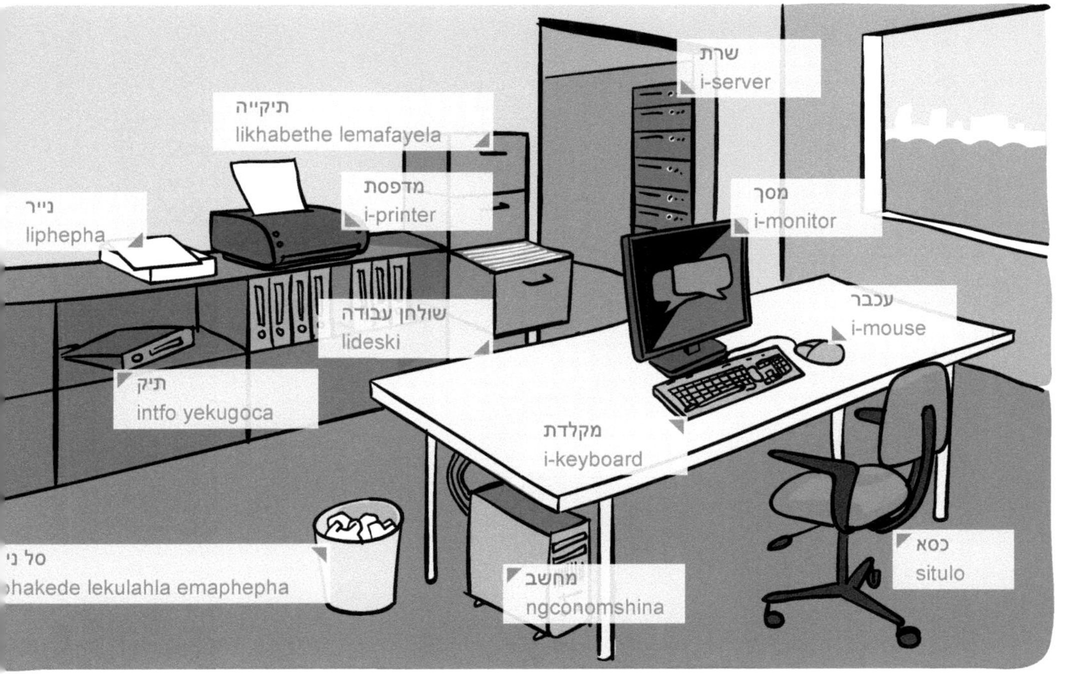

שרת
i-server

תיקייה
likhabethe lemafayela

מדפסת
i-printer

מסך
i-monitor

נייר
liphepha

שולחן עבודה
lideski

עכבר
i-mouse

תיק
intfo yekugoca

מקלדת
i-keyboard

סל ני
hakede lekulahla emaphepha

כסא
situlo

מחשב
ngconomshina

ספל קפה
likomishi lelikofi

מחשבון
i-calculator

אינטרנט
i-inthanethi

מחשב נייד
i-laptop

מכתב
incwadzi

הודעה
umlayeto

נייד
i-mobile

רשת
i-network

מכונת צילום
umshini wekwenta
emakhophi

תוכנה
i-software

טלפון
lucingo

שקע
liplaliki lagesi

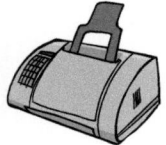

פקס
umshini wekufeksa

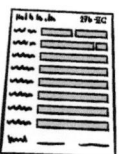

טופס
lifomu

מסמך
liphepha

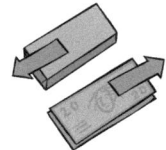

הנק

tsenga

שילם

bhadala

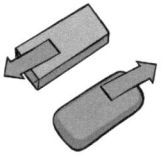

סחר

beka imali

כסף

imali

רולד

li-dollar

ורוי

li-euro

י'

li-yen

רובל

li-rouble

פרנק שווייצרי

i-Swiss franc

יואן רנמינבי

i-renminbi yuan

רופי

i-rupee

כספומט

umshini wemali

המרת מטבע

i-bureau de change

זהב

ligolide

כסף

lisiliva

נפט

woyela

אנרגיה

emandla

מחיר

linani

חוזה

sivumelwano

מס

umtselo

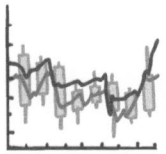

מנייה

sitoko

עבד

sebenta

עובד

sisebenti

מעסיק

umcashi

מפעל

ifemu

חנות

sitolo

מקצועות
tikhundla

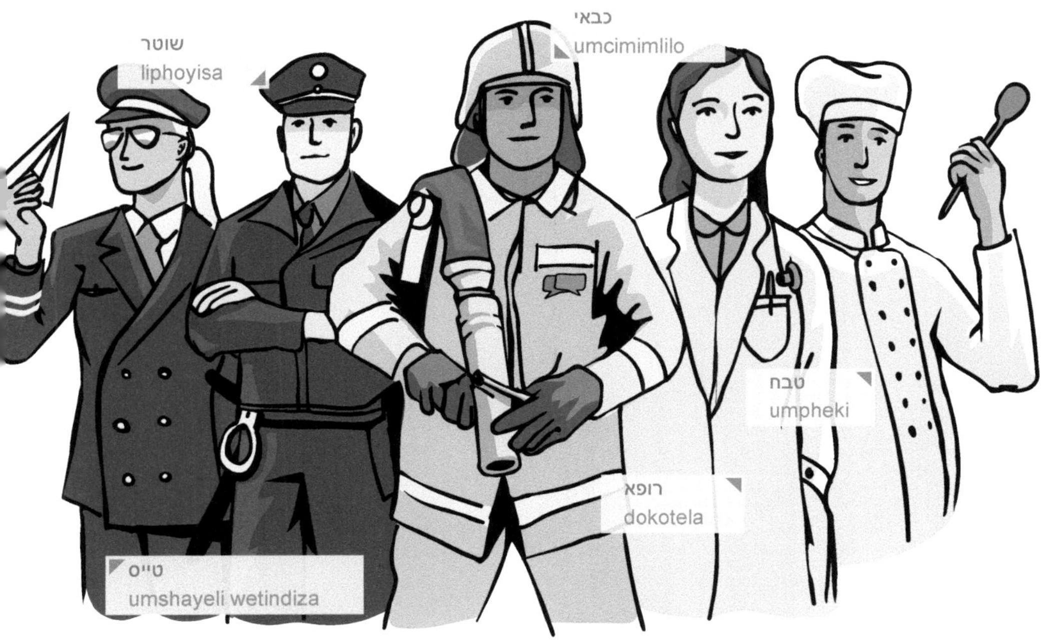

שוטר
liphoyisa
כבאי
umcimimlilo
טבח
umpheki
רופא
dokotela
טייס
umshayeli wetindiza

גנן

losebenta engadzini

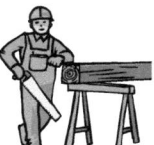

נגר

ummbati

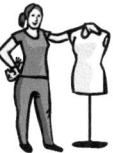

תופרת

umtfungi

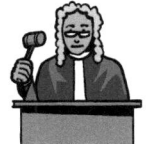

שופט

mehluleli

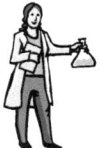

כימאי

khemisi

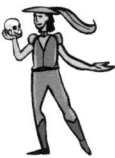

שחקן

umlingisi

נהג אוטובוס

umshayeli webhasi

נהג מונית

umshayeli wekhumbi

דייג

umdvobi

עובדת נקיון

limedi

מתקן גגות

umfuleli

מלצר

waiter

צייד

umtingeli

צייר

mapendani

אופה

umbhaki

חשמלאי

gesana

עובד בניין

meselane

מהנדס

sonjiniyela

קצב

umtsengisi wenyama

אינסטלטור

somaphayiphi

דוור

lohambisa liposi

חייל

lisotja

אדריכל

umdvwebi wemapulani

קופאי

umtsengisi

מוכר פרחים

umtsengisi wetimbali

ספר

losebenta ngetinwele

כרטיסן

umbhidisi

מכונאי

mekhenikha

קברניט

kaputeni

רופא שיניים

dokotela wematinyo

מדען

sosayensi

רב

rabi

אימאם

imam

נזיר

monk

כומר

umfundisi

כלי עבודה
emathulusi

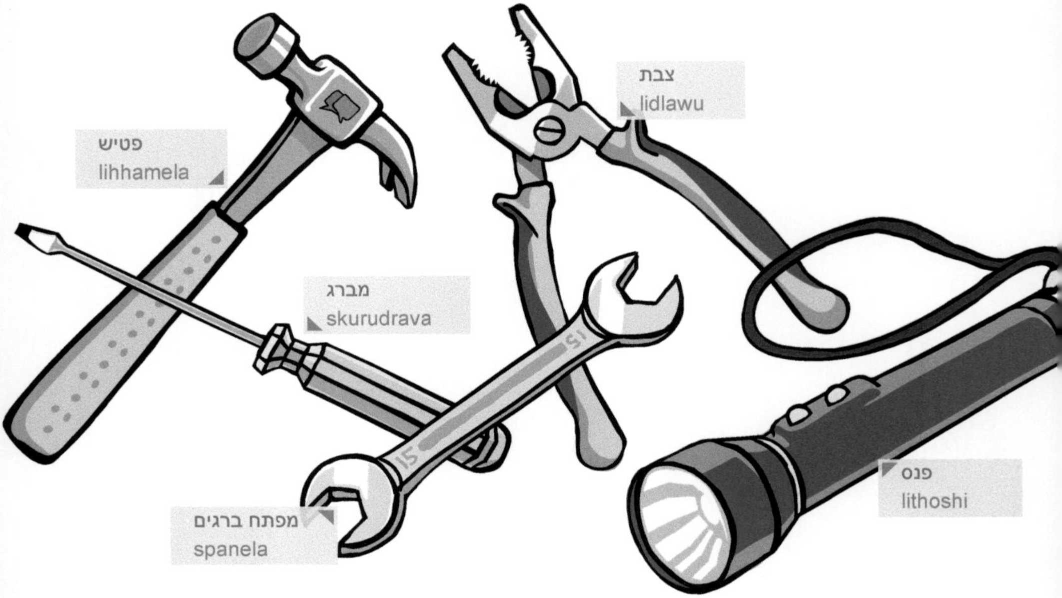

צבת
lidlawu
פטיש
lihhamela
מברג
skurudrava
מפתח ברגים
spanela
פנס
lithoshi

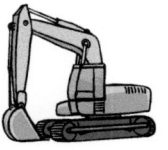

דחפור

lifosholo

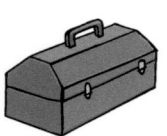

ארגז כלים

libhokisi lemathulusi

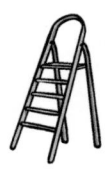

סולם

lilele

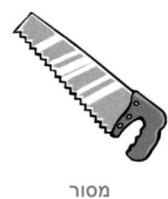

מסור

lisaha

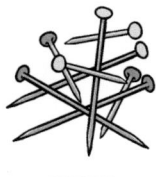

מסמרים

tipikili

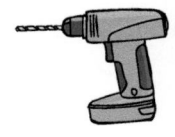

מקדחה

umshini wekwenta timbobo

תיקון
lungisa

את חפירה
lifosholo

לעזאזל!
i-Damni!

יעה
lipani lekuwola tibi

פח צבע
likani lapende

ברגים
tikruzi

כלי נגינה
insimbi yemculo

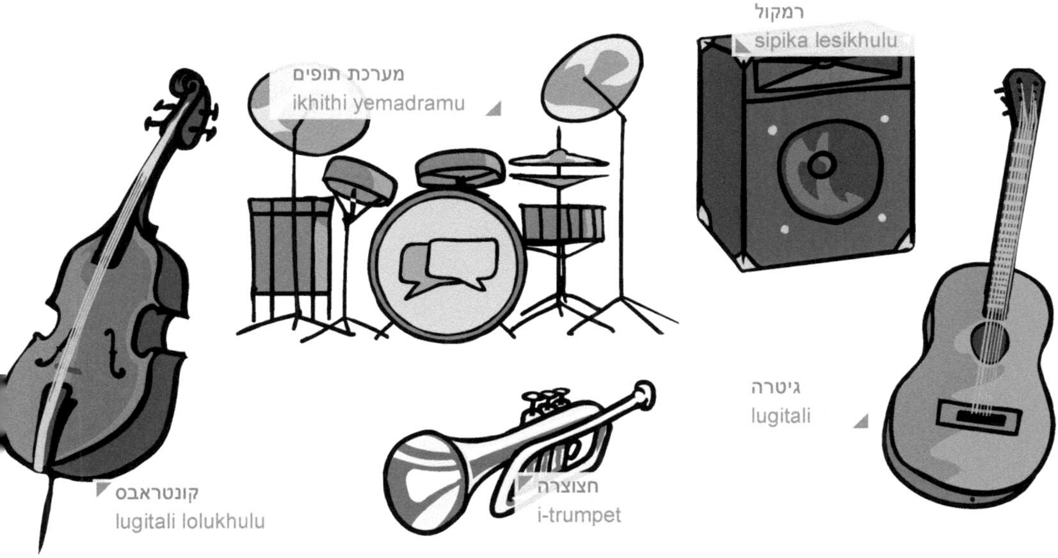

רמקול
sipika lesikhulu

מערכת תופים
ikhithi yemadramu

גיטרה
lugitali

קונטראבס
lugitali lolukhulu

חצוצרה
i-trumpet

פסנתר

i-piano

כינור

ivayolini

בס

ibhesi

תוף הדוד

i-timpani

תופים

emadramu

מקלדת פסנתר

i-keyboard

סקסופון

i-saxohone

חליל

ifluthi

מיקרופון

umbhobho

גן חיות

i-zoo

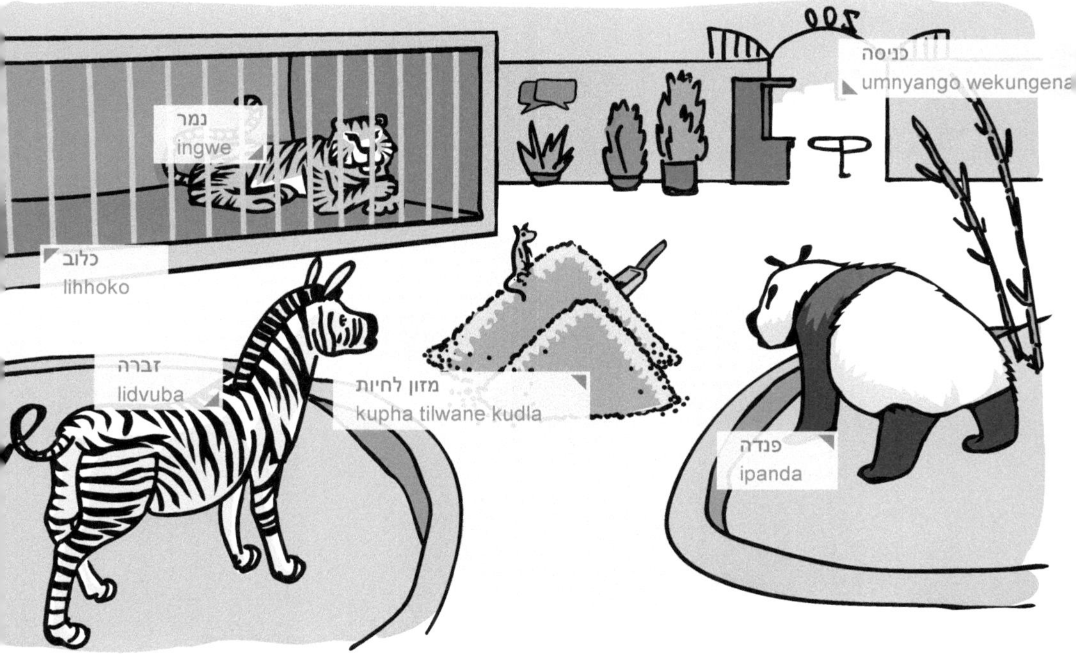
zoo
כניסה
umnyango wekungena
נמר
ingwe
כלוב
lihhoko
זברה
lidvuba
מזון לחיות
kupha tilwane kudla
פנדה
ipanda

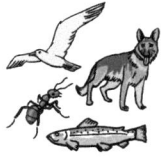

בעלי חיים

tilwane

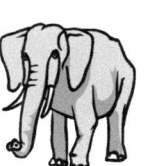

פיל

indlovu

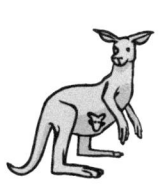

קנגרו

ikangaru

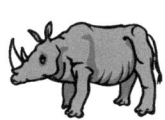

קרנף

bhejane

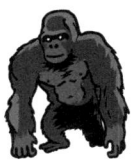

גורילה

igorila

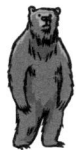

דוב

libhele

גמל

likamela

יען

i-ostrishi

אריה

libhubesi

קוף

imfene

פלמינגו

i-flamingo

תוכי

iparoti

דוב הקרח

libhele

פינגווין

iphejini

כריש

shaka

טווס

iphigogo

נחש

inyoka

תנין

ingwenya

שומר גן החיות

umgcini tilwane

כלב ים

isili

יגואר

i-jaguar

סוס פוני

poni

לאופרד

ingwe

היפופוטאם

imvubu

ג'ירפה

indlulamitsi

נשר

lusweti

חזיר בר

ingulube yesiganga

דג

imfishi

צב

lifundvu

סוס ים

i-warasi

שועל

jakalazi

איילה

inyamatane

פוטבול אמריקאי
libhola letinyawo laseMelika

רכיבת אופניים
umdlalo wemabhayisikili

טניס
itenesi

כדורסל
i-basketball

שחיה
kududa

אגרוף
umdlalo wetibhakela

הוקי
umdlalo waselichweni

כדורגל
libhola letinyawo

בדמינטון
i-badminton

אתלטיקה
tingijimi

כדור-יד
libhola letandla

עשה סקי
umdlalo wekuntjuza

פולו
i-polo

צחק
hleka

קפץ
gcuma

חיבק
gona

הלך
hamba

שר
hlabela

חלם
liphupho

התפלל
thantaza

נשק
cabuza

כתב
bhala

צייר
tsatsa

הראה
khombisa

דחף
fuca

נתן
nika

לקח
tsatsa

יש / להיות הבעלים

tsatsa

עשה

yenta

היה

be

עמד

sukuma

רץ

gijima

משך

dvonsa

זרק

jika

נפל

wani

שכב

cala emanga

חיכה

mani

סחב

tsatsa

ישב

hlala

התלבש

yembatsa

ישן

lala

התעורר

vuka

הסתכל ב-

buka

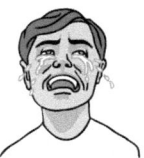

בכה

khala

ליטף

shaya

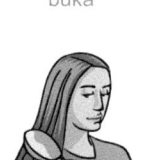

סירק

kama

דיבר

khuluma

הבין

condza

שאל

buta

שמע

lalela

שתה

natsa

אכל

dlani

סידר

gcogca

אהב

tsandza

בישל

pheka

נהג

shayela

עף

ndiza

שט
ntjuza

חישב
bala

קרא
fundza

למד
fundza

עבד
sebenta

התחתן
shada

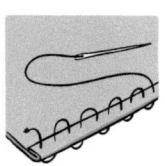

תפר
tfunga

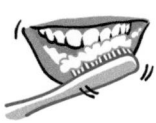

ציחצח שיניים
kugeza ematinyo

הרג
bulala

עישן
bhema

שלח
tfumela

משפחה
umndeni

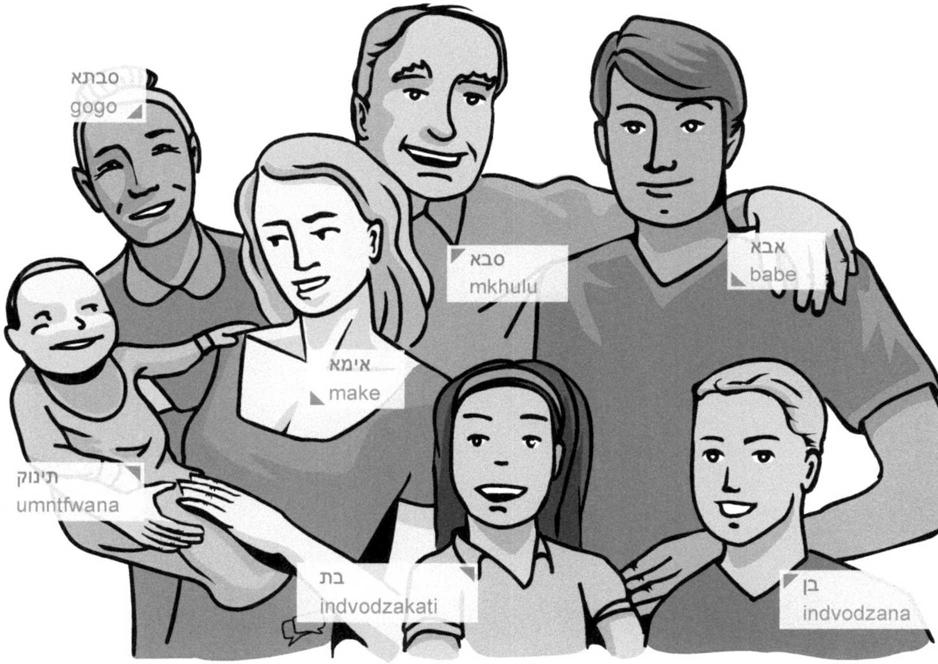

סבתא
gogo
סבא
mkhulu
אבא
babe
אימא
make
תינוק
umntfwana
בת
indvodzakati
בן
indvodzana

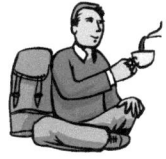

אורח

sivakashi

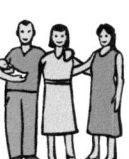

דודה

anti

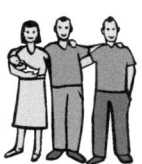

דוד

malume

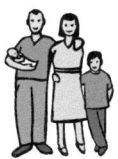

אח

umnaketfu

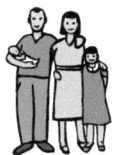

אחות

sisi

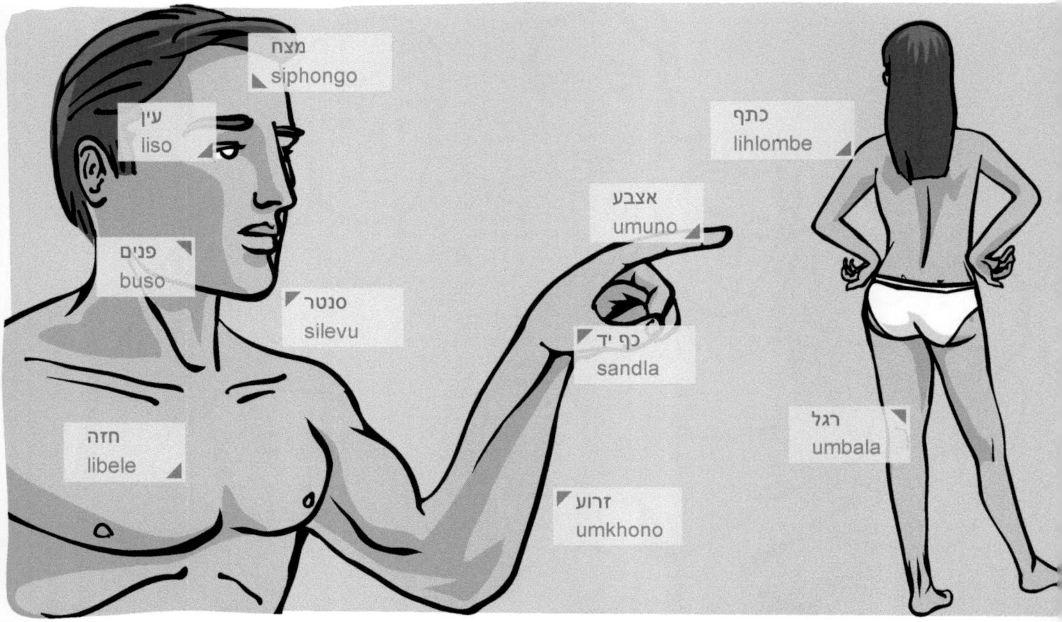

מצח
▶ siphongo

עין
liso ◢

כתף
lihlombe ◢

אצבע
umuno ▶

פנים
buso ◣

סנטר
◢ silevu

כף יד
sandla

רגל
umbala ◥

חזה
libele ◣

זרוע ◤
umkhono

תינוק
....
umntfwana

איש
....
indvodza

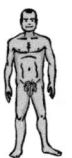

אישה
....
umfati

ילדה
....
intfombatane

ילד
....
umfana

ראש
....
inhloko

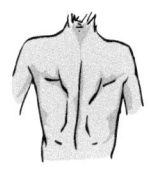

גב

emuva

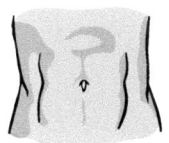

בטן

umkhatjana

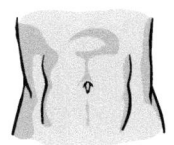

טבור

sibhono

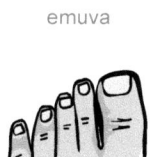

אצבע

luzwane

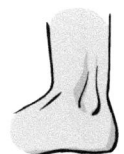

עקב

sitsendze

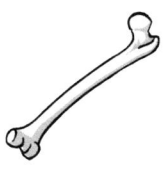

עצם

litsambo

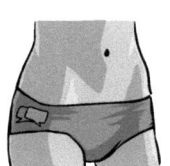

ירך

litsanga

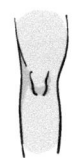

ברך

lidvolo

מרפק

ingcosa

אף

imphumulo

עכוז

entansi

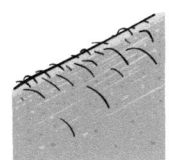

עור

sikhumba

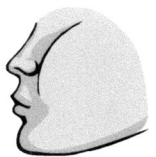

לחי

sihlatsi

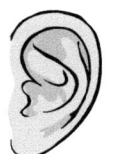

אוזן

indlebe

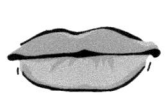

שפתיים

indzebe

פה

umlomo

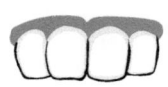

שן

litinyo

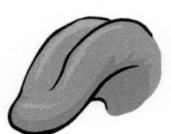

לשון

lilimi

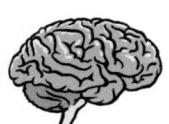

מוח

bucopho

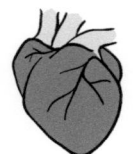

לב

inhlitiyo

שריר

umsipha

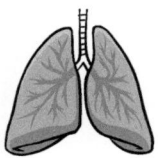

ריאה

liphaphu

כבד

sibindzi

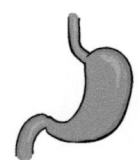

קיבה

sisu

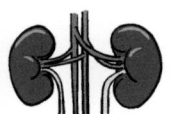

כליות

tinso

מין

kulalana

קונדום

lijazi lemkhwenyana

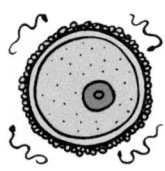

ביצית

licandza lentalo

זרע

sidvodza

הריון

kukhulelwa

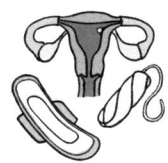

ווסת

kuya esikhatsini

נרתיק

ligolo

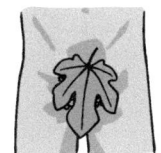

פין

umpipi

גבה

inkhophe

שיער

lunwele

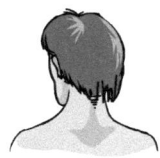

צוואר

intsamo

בית חולים
sibhedlela

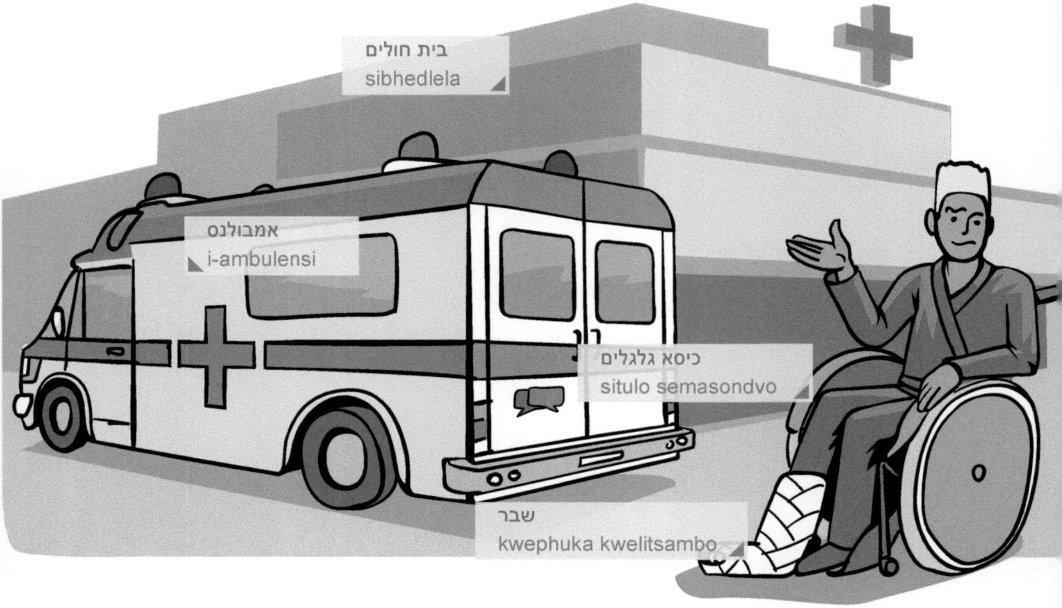

בית חולים
sibhedlela

אמבולנס
i-ambulensi

כיסא גלגלים
situlo semasondvo

שבר
kwephuka kwelitsambo

רופא
dokotela

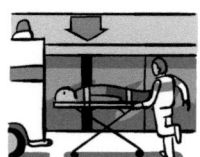

חדר מיון
ligumbi letimo
letiphutfumako

אחות
nesi

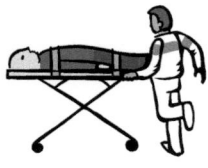

חירום
simo lesiphutfumako

חסר הכרה
kucaleka

כאב
buhlungu

פציעה

kulimala

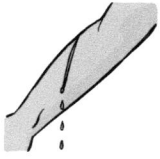

דימום

kopha

התקף לב

kuhlaselwa sifo senhlitiyo

שבץ

kufa luhlangotsi

אלרגיה

i-aleji

שיעול

kukhwehlela

חום

kushisa

שפעת

umkhuhlane

שלשול

kusheka

כאב ראש

kubulawa yinhloko

סרטן

umdlavuza

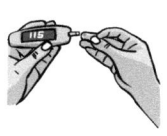

סוכרת

kuba nashukela

מנתח

dokotela

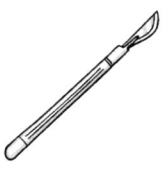

אזמל

umukhwa wekusika
wabodokotela

ניתוח

kusikwa

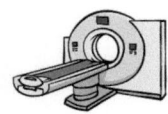

סי-טי

i-CT

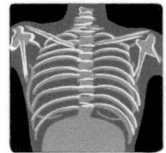

רנטגן

i-x ray

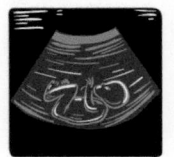

אולטרסאונד

umsindvo

מסיכת פנים

sifonyo

מחלה

sifo

חדר המתנה

ligumbi lekulindza

קבה

indvuku yekuhamba

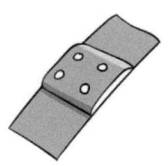

פלסטר

i-plaster

תחבושת

ibhandishi

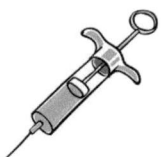

זריקה

umjovo

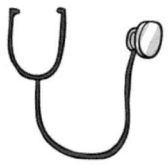

סטטוסקופ

lithulusi labodokotela
lekulalela inhlitiyo

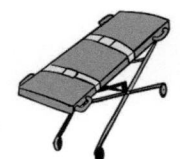

אלונקה

luhlaka

מד חום

kwekuhlola lizinga lemuntfu
lekushisa

לידה

kutalwa

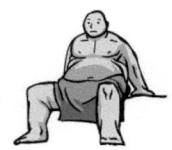

עודף משקל

kunona kakhulu

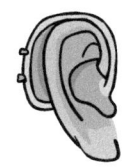

מכשיר שמיעה

tinsita tekuva etindlebeni

מחטא

sibulali magciwane

זיהום

kwesuleleka ngesifo

נגיף

ligciwane

איידס

i-HIV / AIDS

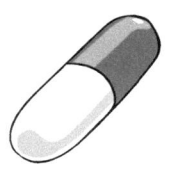

תרופה

umutsi

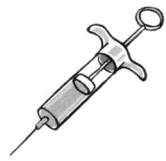

חיסון

kugoma

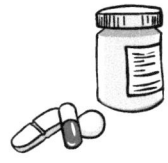

טבליות

emaphilisi

גלולה

liphilisi

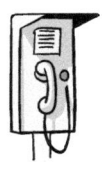

קריאת חירום

lucingo loluphutfumako

מד לחץ דם

sicaphi semfutfo wengati

חולה / בריא

gula / umcemane

הצילו!
Lusito!

אזעקה
i-alamu

פשיטה
kuhlukumeta

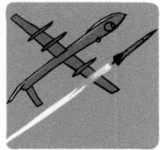

תקיפה
kuhlasela

סכנה
ingoti

יציאת חירום
umnyango wekuphuma
nakuphutfuma

אש!
Umlilo

מטף כיבוי
sicishamlilo

תאונה
ingoti

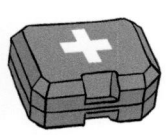

ערכת עזרה ראשונה
ikhidi yelusito lwekucala

הצילו!
SOS

משטרה
emaphoyisa

אירופה

i-Europe

צפון אמריקה

iNyakatfo YeMelika

דרום אמריקה

iNingizimu YeMelika

אפריקה

i-Afrika

אסיה

i-Asia

אוסטרליה

i-Australia

האוקיינוס האטלנטי

i-Atlantic

האוקיינוס השקט

i-Pacific

האוקיינוס ההודי

i-Idian Ocean

האוקיינוס האנטרקטי

i-Antarctic Ocean

האוקיינוס הארקטי

i-Arctic Ocean

הקוטב הצפוני

Ligumbi laseNyakatfo

הקוטב הדרומי

Ligumbi laseNingizimu

אנטארקטיקה

iAntarctica

כדור הארץ

Umhlaba

אדמה

indzawo

ים

lwandle

אי

sichingi

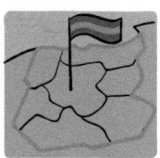

לאום

sive

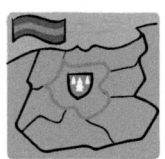

מדינה

umbuso

פני השעון

buso beliwashi

מחוג השעות

li-awa

מחוג הדקות

imizuzu

מחוג השניות

imizuzwana

מה השעה?

sikhatsi sini nyalo?

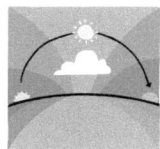

יום

lusuku

זמן

sikhatsi

עכשיו

nyalo

שעון דיגיטלי

liwashi lesimanjemanje

דקה

umzuzu

שעה

li-awa

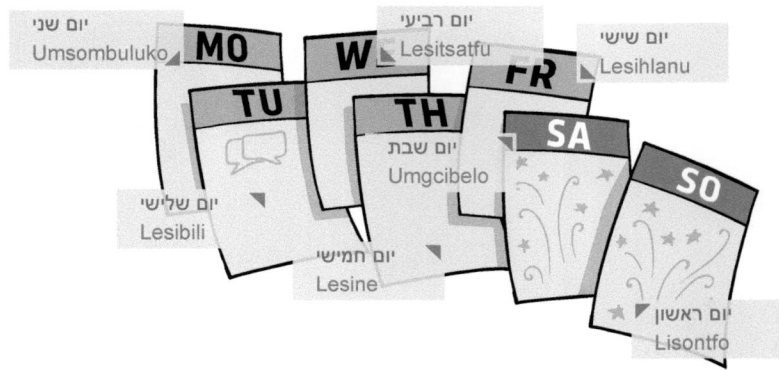

יום שני Umsombuluko — **MO**

יום רביעי Lesitsatfu — **W**

יום שישי Lesihlanu — **FR**

TU

TH יום שבת Umgcibelo

SA

SO

יום שלישי Lesibili

יום חמישי Lesine

יום ראשון Lisontfo

אתמול
itolo

היום
lamuhla

מחר
kusasa

בוקר
ekuseni

צהריים
emini

ערב
entsambama

ימי עבודה
emalanga emsebenti

סוף שבוע
imphelasontfo

גשם
imvula

קשת בענן
umushi wenkhosatane

רוח
umoya

שלג
umkhitsiko

אביב
Intfwasahlobo

סתיו
Intfwasabusika

קיץ
lihlobo

חורף
busika

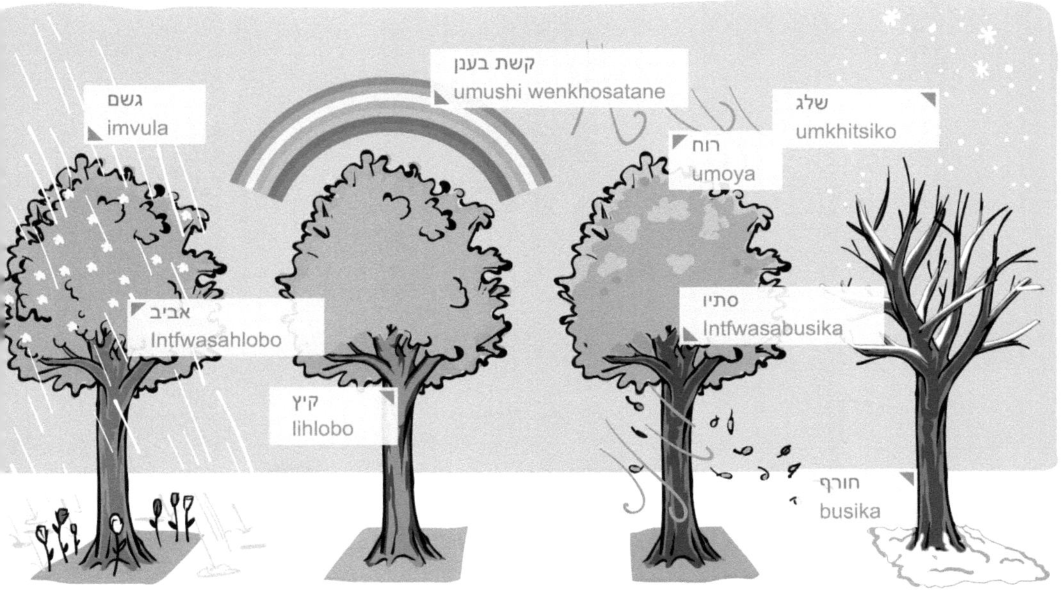

תחזית מזג האוויר
simo selitulo

4.APRIL	11°
5.APRIL	4°
6.APRIL	13°
7.APRIL	8°
8.APRIL	10°

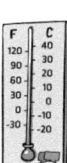

מד חום
kwekuhlola lizinga lekushisa

אור שמש
kubalela

ענן
emafu

ערפל
inkhungu

לחות
umswakamo

ברק

umbane

רעם

umbane

סערה

kudvuma lobunebungoti

ברד

sangcotfo

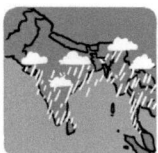

רוח עונתי

inyeti

שיטפון

tikhukhula

קרח

lichwa

ינואר

Bhimbidvwane

פברואר

Indlovana

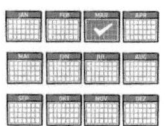

מרץ

Indlovulenkhulu

אפריל

Mabasa

מאי

Inkhwenkhweti

יוני

Inhlaba

יולי

Kholwane

אוגוסט

Ingci

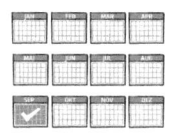

ספטמבר
....
Inyoni

אוקטובר
....
Imphala

נובמבר
....
Lweti

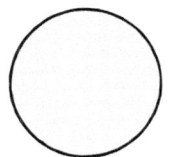

דצמבר
....
Ingongoni

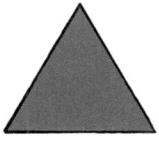

עיגול
....
indingiliza

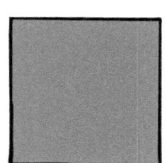

מרובע
....
sikwele

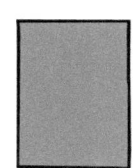

מלבן
....
umdvwebo lonetinhlangotsi
letindze letilinganako

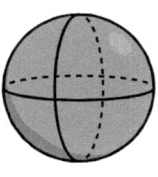

משולש
....
ncantsatfu

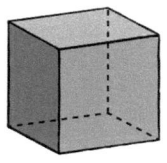

כדור
....
i-sphere

קובייה
....
ikhiyubhu

לבן
kumhlophe

צהוב
phuti

כתום
sheli

ורוד
kupinki

אדום
kubovu

סגול
kunsomi

כחול
luhlata

ירוק
luhlata njengetjani

חום
loku-brown

אפור
mtfubi

שחור
mnyama

הרבה / מעט

kunyenti / kuncane

כועס / רגוע

kutfukutsela / kwehlisa
umoya

יפה / מכוער

buhle / bubi

התחלה / סוף

sicalo / siphetfo

גדול / קטן

bukhulu / buncane

בהיר / כהה

kukhanya / bumnyama

אח / אחות

bhuti / sisi

נקי / מלוכלך

kuhloba / kungcola

שלם / חלקי

kuphelela / kungapheleli

יום / לילה

imi / busuku

מת / חי

kufa / kuphila

רחב / צר

kubanti / kuncane

אכיל / לא אכיל

lokudliwako / lokungadliwa

רשע / טוב לב

inhlitiyo lembi / umusa

מתרגש / משועמם

kutsakasa / kudvumala

שמן / רזה

sidudla / umcondvo

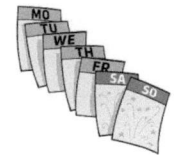

ראשון / אחרון

kwekucala / kwekugcina

חבר / אויב

umngani / sitsa

מלא / ריק

kugcwala / kute lutfo

קשה / רך

kucina / kutsamba

כבד / קל

kusindza / kulula

רעב / צמא

kulamba / koma

חולה / בריא

gula / umcemane

בלתי-חוקי / חוקי

kungabi semtsetfweni /
kuba semtsetfweni

נבון / טיפש

kuhlakanipha / bulima

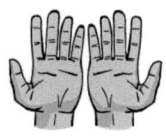

שמאל / ימין

sencele / sekudla

קרוב / רחוק

dvutane / khashane

חדש / משומש

lokusha / lokudzala

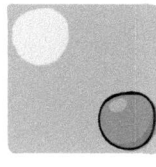

כלום / משהו

kute lutfo / kunalokutsite

זקן / צעיר

budzala / busha

פעיל / כבוי

kuyasebenta / akusebenti

פתוח / סגור

kuvulekile / kuvalekile

שקט / רועש

kuthula / umsindvo

עשיר / עני

kunjinga / kuphuya

נכון / שגוי

kulungile / akukalungi

מחוספס / חלק

kuyahhedla / kuyashelela

עצוב / שמח

kuva buhlungu / kujabula

קצר / ארוך

kufishane / kudze

איטי / מהיר

kunwabuka / kushesha

רטוב / יבש

kumanti / komile

חם / קר

kufutfumele / kusivuvu

מלחמה / שלום

imphi / kuthula

0

אפס
....
indilinga

1

אחת
....
kunye

2

שתיים
....
kubili

3

שלוש
....
kutsatfu

4

ארבע
....
kune

5

חמש
....
sihlanu

6

שש
....
sitfupha

7

שבע
....
sikhombisa

8

שמונה
....
siphohlongo

9

תשע
....
yimfica

10

עשר
....
lishumi

11

אחת-עשרה
....
lishumi nakunye

12
שתים-עשרה
lishumi nakubili

13
שלוש-עשרה
lishumi nakutsatfu

14
ארבע-עשרה
lishumi nakune

15
חמש-עשרה
lishumi nesihlanu

16
שש-עשרה
lishumi nesitfupha

17
שבע-עשרה
lishumi nesikhombisa

18
שמונה-עשרה
lishumi nesiphohlongo

19
תשע-עשרה
lishumi nemfica

20
עשרים
emashumi lamabili

100
מאה
likhulu

1.000
אלף
inkhulungwane

1.000.000
מיליון
sigidzi

אנגלית

Singisi

אנגלית אמריקאית

Singisi saseMelika

סינית מנדרינית

SiMandarini seseShayina

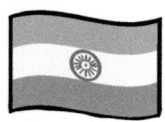

הודית

SiHindi

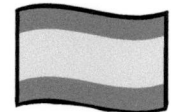

ספרדית

Sipanishi

צרפתית

SiFulentji

ערבית

Si-Arabu

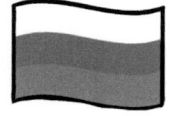

רוסית

SiRashiya

פורטוגזית

SiPhuthukezi

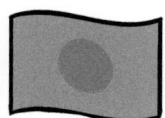

בנגלית

SiBhengali

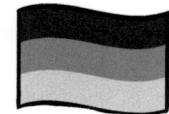

גרמנית

SiJalimane

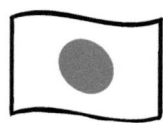

יפנית

SiJapane

אני

Mine

אתה / את

wena

הוא / היא / זה

yena / yona

אנחנו

tsine

אתם

nine

הם

bona

מי?

bani?

מה?

ini?

איך?

njani?

איפה?

kuphi?

מתי?

nini?

שם

libito

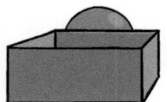

מאחור

ngemuva

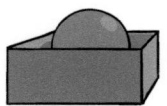

בתוך

ekhatsi

לפני

embi kwe

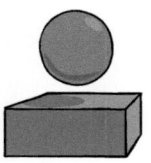

מעל

ngenhla

על

etulu

מתחת

ngephansi

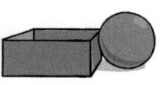

ליד

eceleni

בין

emkhatsini

מקום

indzawo